CARTILHA DE ALFABETIZAÇÃO

TREINANDO CALIGRAFIA
ALFABETO EM LETRA DE FÔRMA

EXPEDIENTE

FUNDADOR **Italo Amadio** *(in memoriam)*
DIRETORA EDITORIAL **Katia F. Amadio**
EDITOR **Eduardo Starke**
REVISÃO **Valquíria Matiolli**
PROJETO GRÁFICO **Jefferson Ferreira**
ILUSTRAÇÕES **Marcelo Gagliano**
R2 Estúdio
ILUSTRAÇÃO DE CAPA **DS Ilustras**

Dados Internacionais de Catalogação na Publicação (CIP)
Angélica Ilacqua CRB-8/7057

```
Vasconcelos, Adson
   Treinando caligrafia (cartilha de alfabetização) [coleção] /
Vasconcelos, Adson ; ilustrações de Marcelo Gagliano. -- São
Paulo : Rideel, 2019.
   3 v. : il., color.

ISBN 978-85-339-4355-1 - Alfabeto em letra cursiva
ISBN 978-85-339-4354-4 - Alfabeto em letra de fôrma
ISBN 978-85-339-5596-7 - Coordenação motora

1. Caligrafia (Ensino) - Cadernos 2. Alfabetização I. Título II.
Gagliano, Marcelo

19-1044                                          CDD 372.634
```

Índices para catálogo sistemático:

1. Caligrafia

© Direitos de publicação reservados à

Av. Casa Verde, 455 – Casa Verde
CEP 02519-000 – São Paulo – SP
e-mail: sac@rideel.com.br
www.editorarideel.com.br

Proibida a reprodução total ou parcial desta obra, por qualquer meio ou processo, especialmente gráfico, fotográfico, fonográfico, videográfico, internet. Essas proibições aplicam-se também às características de editoração da obra. A violação dos direitos autorais é punível como crime (art. 184 e parágrafos, do Código Penal), com pena de prisão e multa, conjuntamente com busca e apreensão e indenizações diversas (artigos 102, 103, parágrafo único, 104, 105, 106 e 107, incisos I, II e III, da Lei n. 9.610, de 19/02/1998, Lei dos Direitos Autorais).

CARTILHA DE ALFABETIZAÇÃO

TREINANDO CALIGRAFIA

ALFABETO EM LETRA DE FÔRMA

Adson Vasconcelos

Letras de fôrma

CUBRA O TRACEJADO DA LETRA **A**.

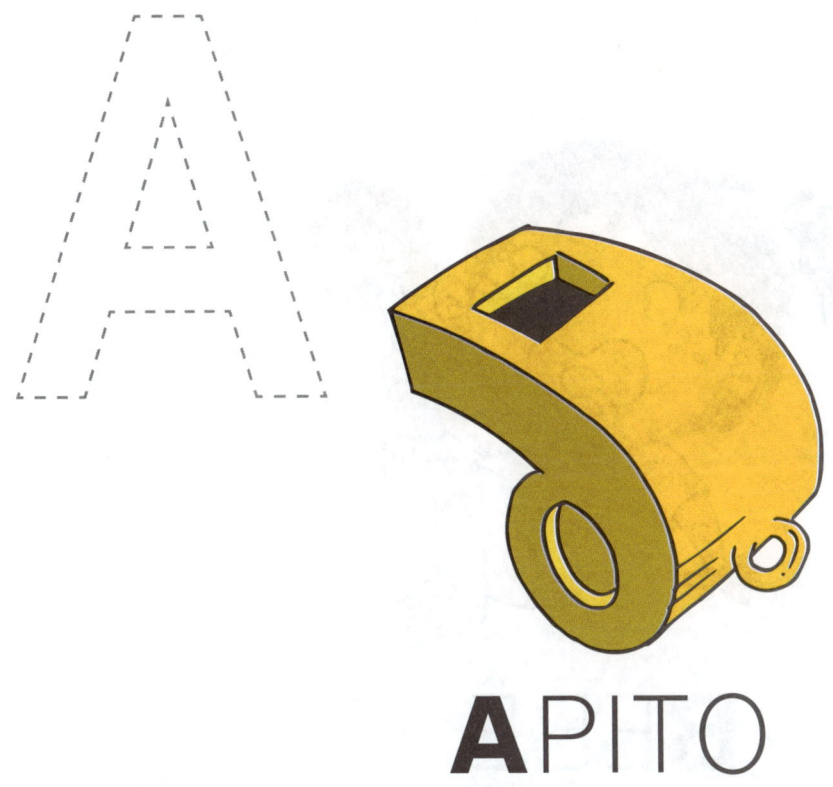

APITO

Letras de fôrma

CUBRA O TRACEJADO DA LETRA **B**.

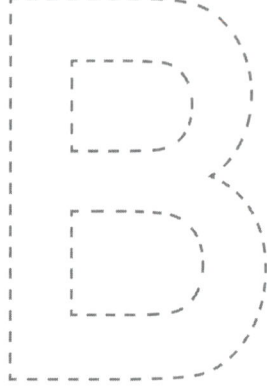

BEBÊ

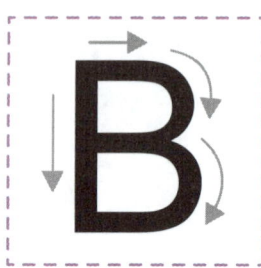

Letras de fôrma

CUBRA O TRACEJADO DA LETRA **C**.

CENOURA

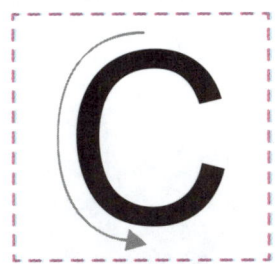

Letras de fôrma

CUBRA O TRACEJADO DA LETRA **D**.

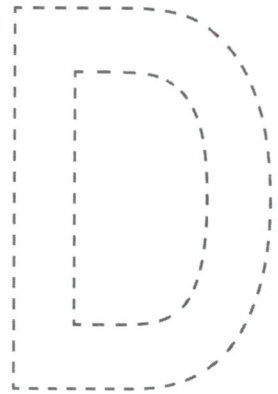

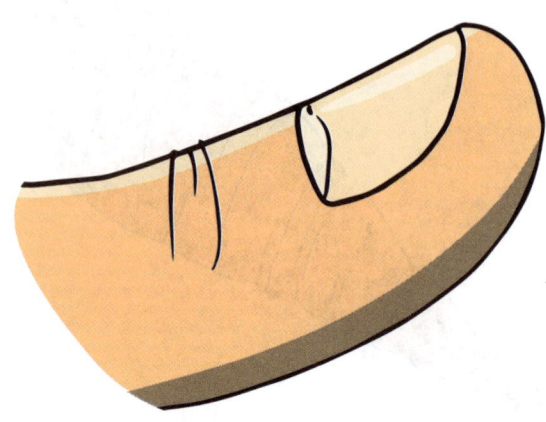

DEDO

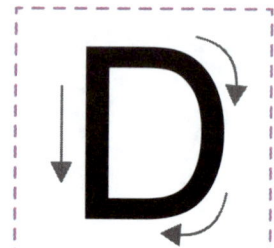

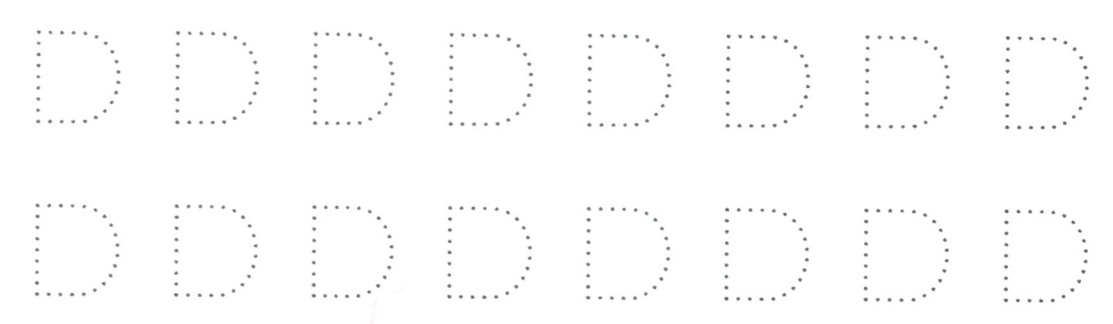

Letras de fôrma

CUBRA O TRACEJADO DA LETRA **E**.

EMA

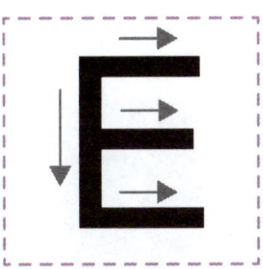

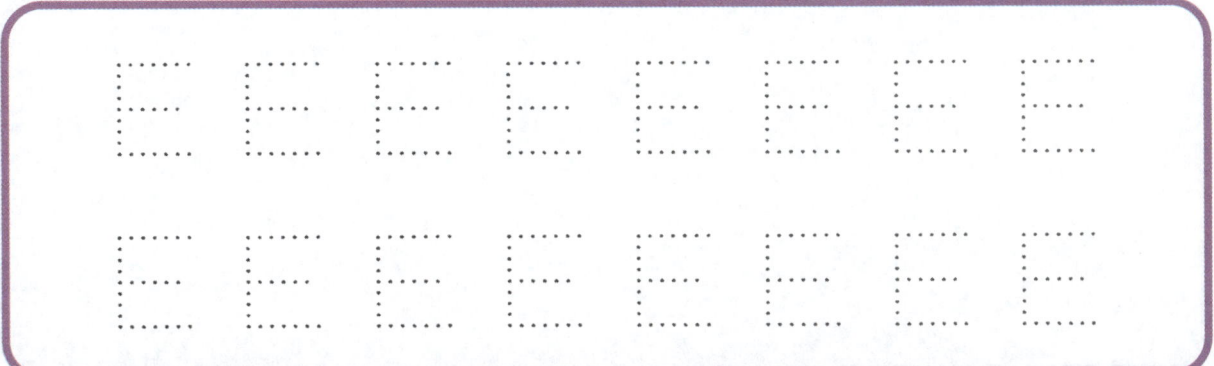

Letras de fôrma

CUBRA O TRACEJADO DA LETRA **F**.

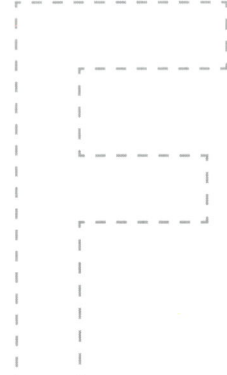

FACA

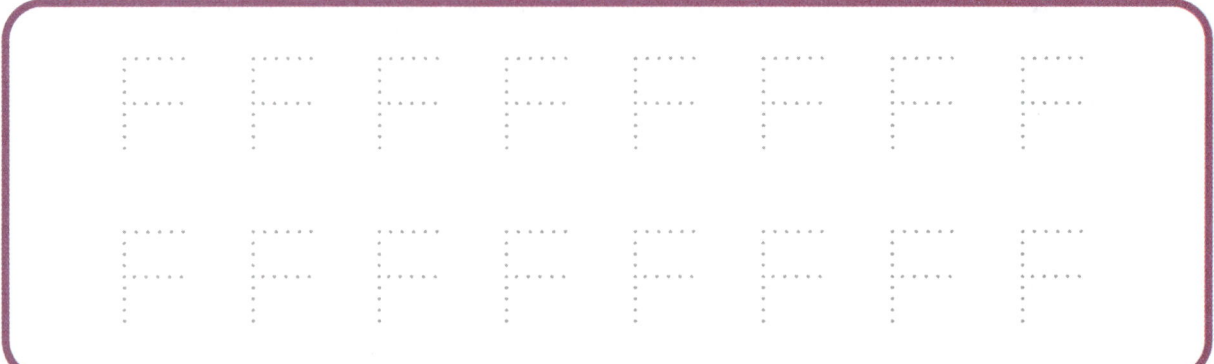

Letras de fôrma

CUBRA O TRACEJADO DA LETRA **G**.

GELO

Letras de fôrma

CUBRA O TRACEJADO DA LETRA **H**.

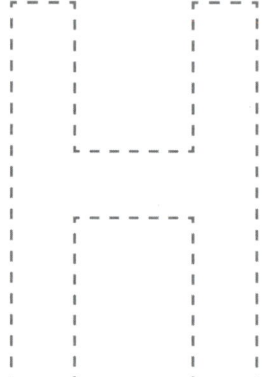

HORTA

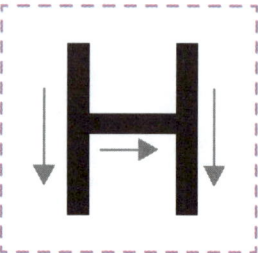

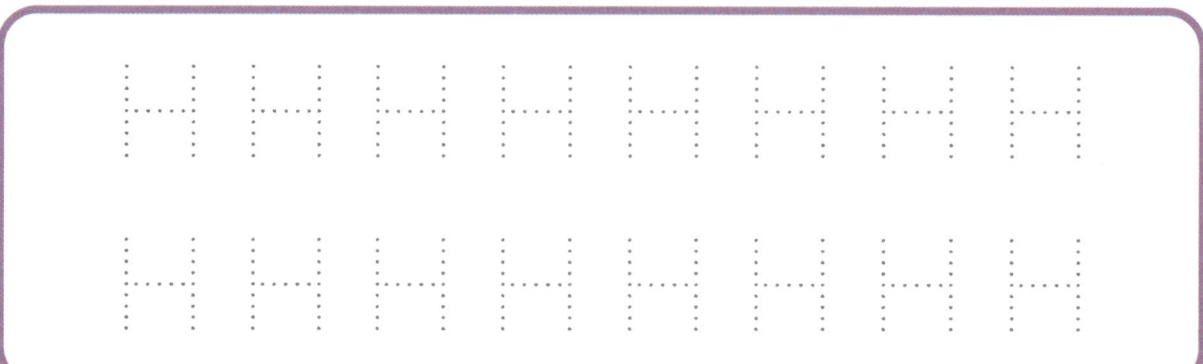

Letras de fôrma

CUBRA O TRACEJADO DA LETRA I.

IOIÔ

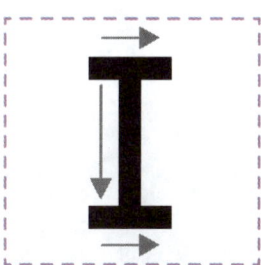

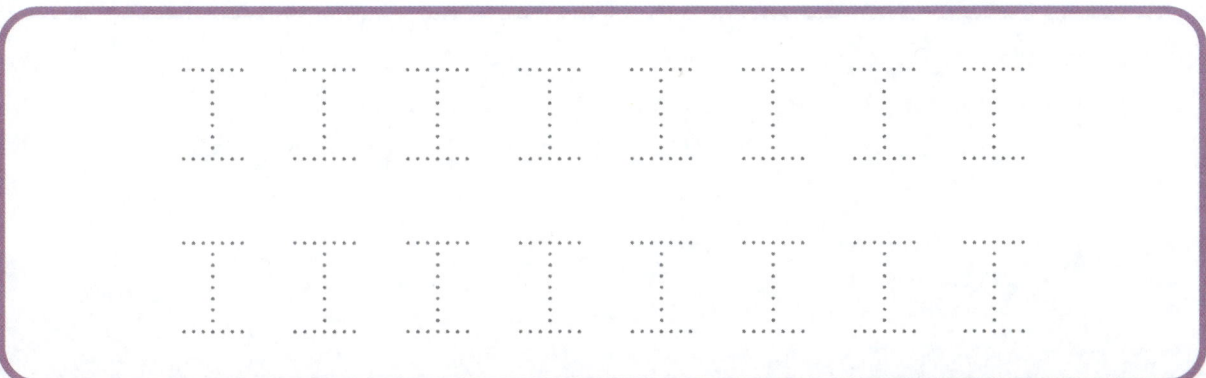

Letras de fôrma

CUBRA O TRACEJADO DA LETRA **J**.

JABUTI

Letras de fôrma

CUBRA O TRACEJADO DA LETRA **K**.

KIWI

Letras de fôrma

CUBRA O TRACEJADO DA LETRA **L**.

LEÃO

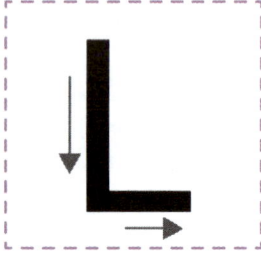

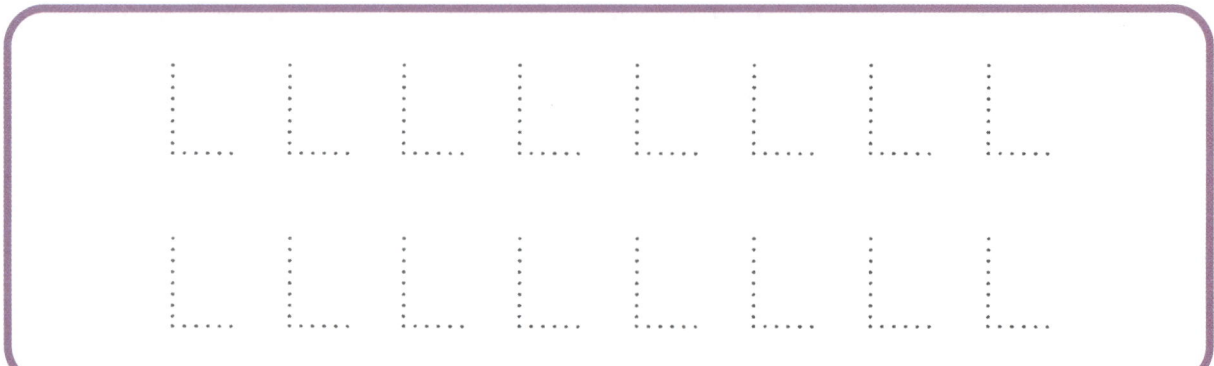

Letras de fôrma

CUBRA O TRACEJADO DA LETRA **M**.

MESA

Letras de fôrma

CUBRA O TRACEJADO DA LETRA **N**.

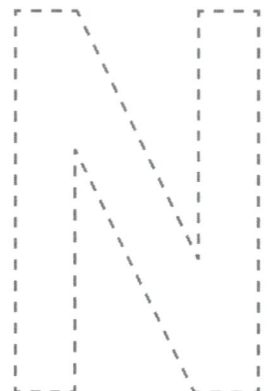

NINHO

CUBRA O TRACEJADO DA LETRA **O**.

OVO

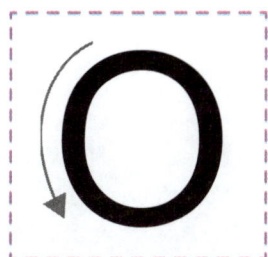

Letras de fôrma

CUBRA O TRACEJADO DA LETRA P.

PERU

Letras de fôrma

CUBRA O TRACEJADO DA LETRA **Q**.

QUEIJO

Letras de fôrma

CUBRA O TRACEJADO DA LETRA **R**.

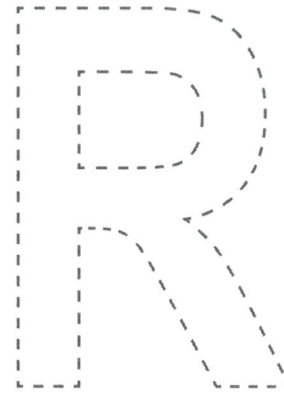

RATO

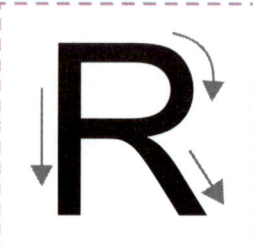

Letras de fôrma

CUBRA O TRACEJADO DA LETRA **S**.

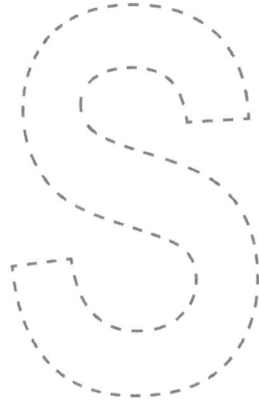

SAPO

Letras de fôrma

CUBRA O TRACEJADO DA LETRA **T**.

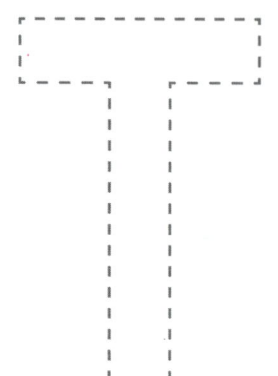

TÊNIS

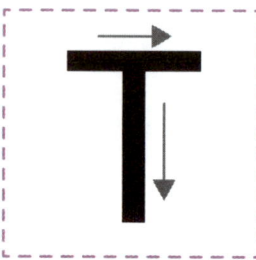

Letras de fôrma

CUBRA O TRACEJADO DA LETRA **U**.

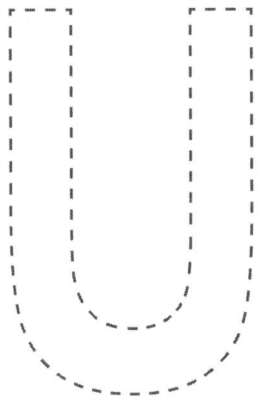

UVA

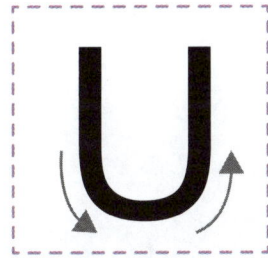

Letras de fôrma

CUBRA O TRACEJADO DA LETRA **V**.

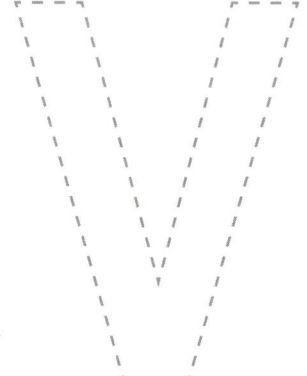

VELA

Letras de fôrma

CUBRA O TRACEJADO DA LETRA **W**.

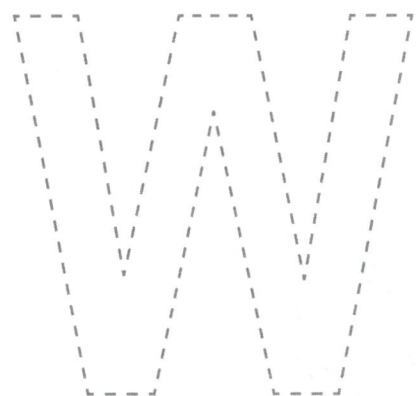

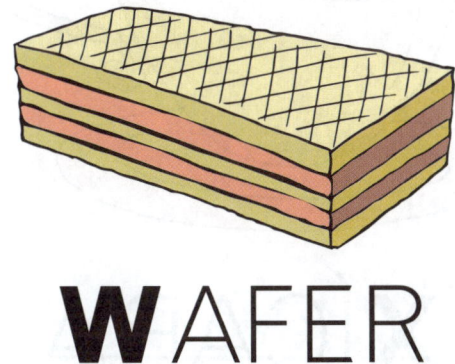

WAFER

Letras de fôrma

CUBRA O TRACEJADO DA LETRA **X**.

XÍCARA

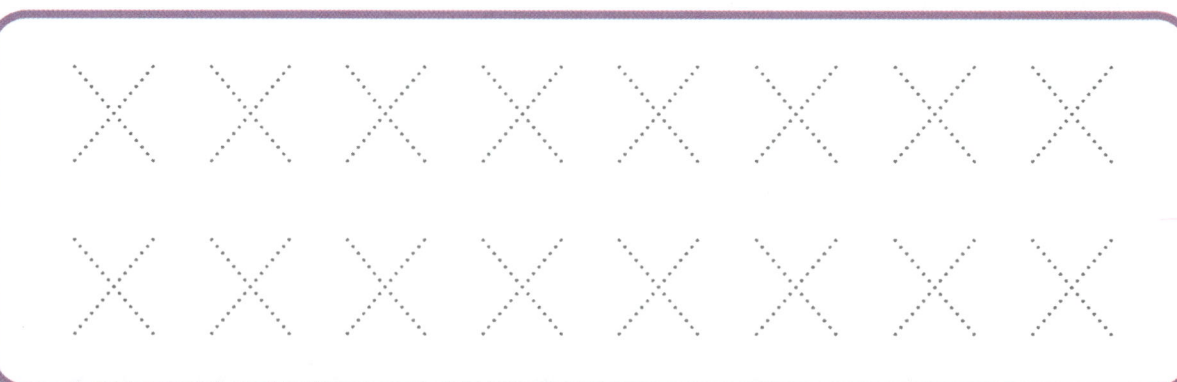

Letras de fôrma

CUBRA O TRACEJADO DA LETRA **Y**.

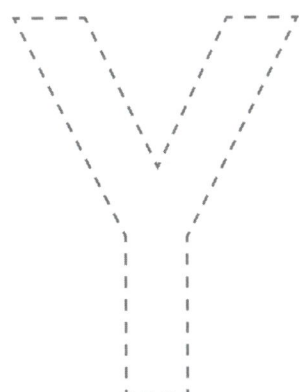

YÚRI

Letras de fôrma

CUBRA O TRACEJADO DA LETRA Z.

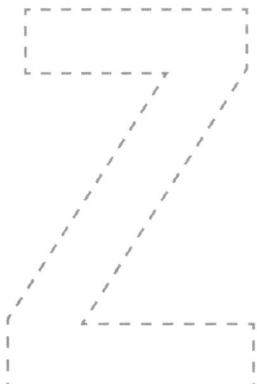

ZEBRA

Letras de fôrma

CUBRA CADA LETRA DO ALFABETO.

A B C D E F
A B C D E F

G H I J K L
G H I J K L

M N O P Q R
M N O P Q R

S T U V W X
S T U V W X

Y Z
Y Z

Letras de fôrma

PINTE CADA LETRA DO ALFABETO COM UMA COR DIFERENTE.

A B C D E F
G H I J K L
M N O P Q R
S T U V W X
Y Z

Letras de fôrma

A ROUPA DAS LETRAS ESTÁ TODA REMENDADA. PINTE AS LETRAS VARIANDO A COR PARA DEIXAR O ALFABETO BEM BONITO.

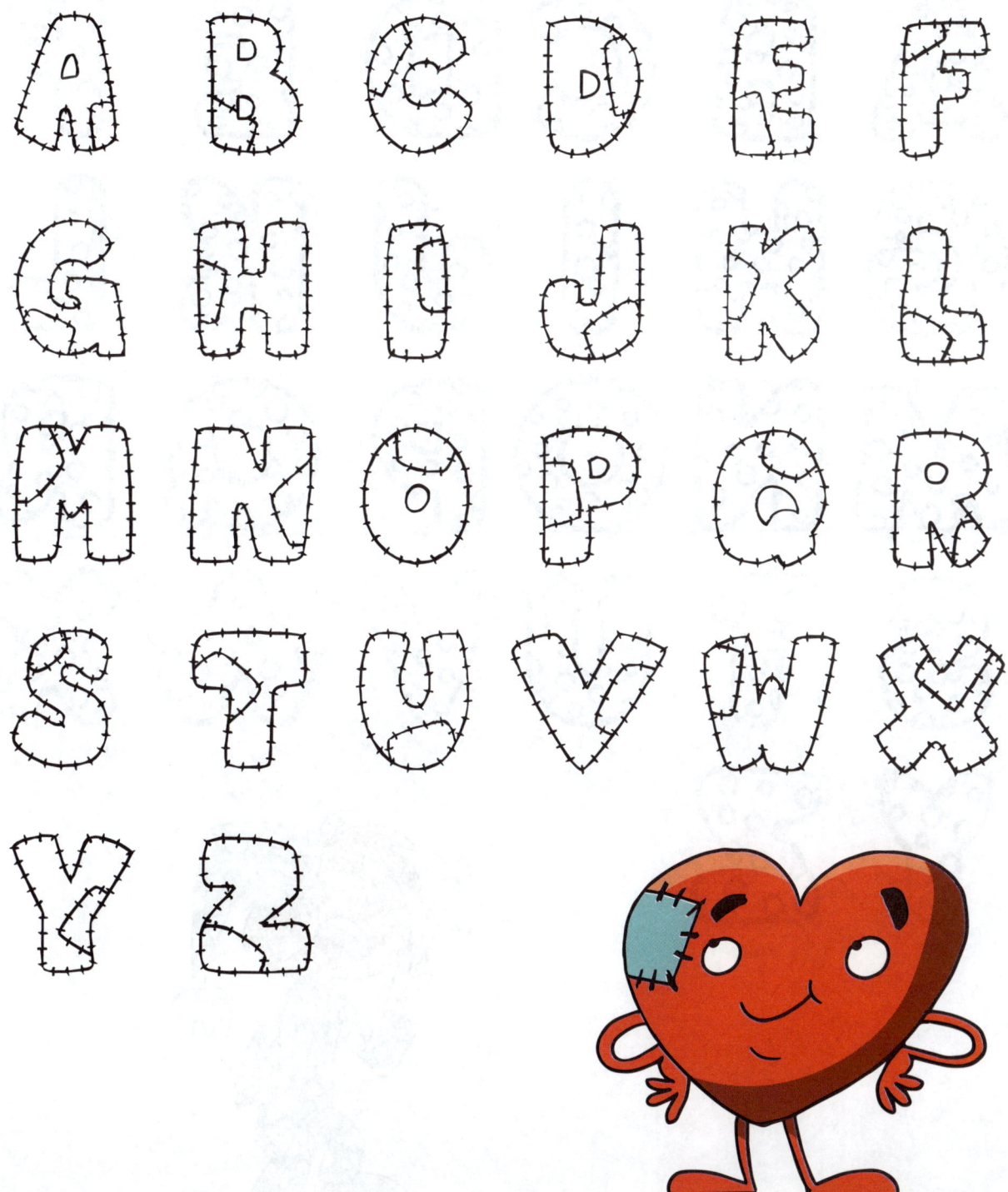

Letras de fôrma

O ALFABETO ESTÁ DE PIJAMA. PINTE-O, VARIANDO AS CORES DAS LETRAS.

Letras de fôrma

CUBRA AS LETRAS DO ALFABETO.

AVIÃO	**B**OLA	**C**ASA
 A	 B	 C
DADO	**E**MA	**F**OCA
 D	 E	 F
GATO	**H**ARPA	**I**LHA
 G	 H	 I

Letras de fôrma

CUBRA AS LETRAS DO ALFABETO.

JACA

J

KIWI

K

LUA

L

MOLA
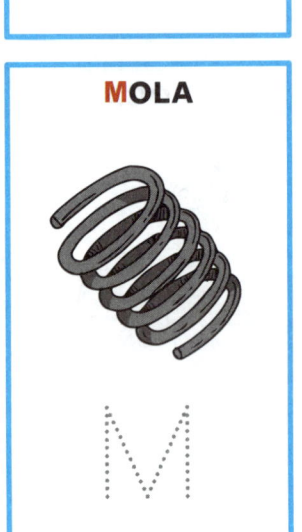
M

NAVIO

N

OLHO
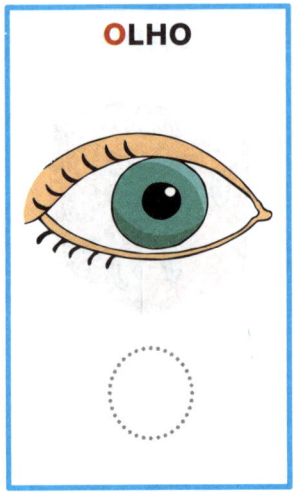
O

PERA

P

QUEIJO
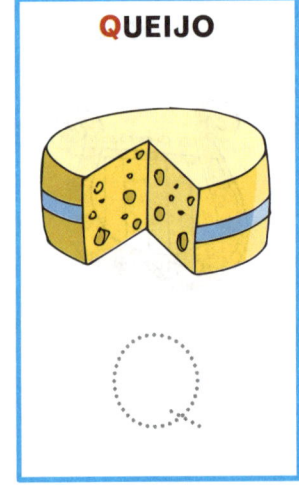
Q

RODA

R

Letras de fôrma

CUBRA AS LETRAS DO ALFABETO.

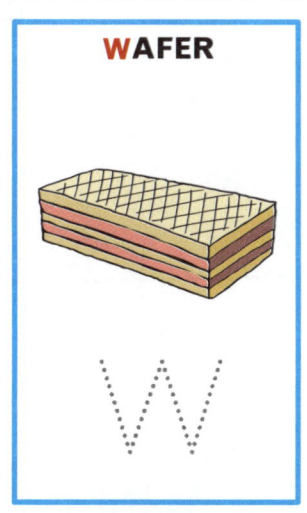

SOL	**T**ATU	**U**VA
S	T	U

VACA	**W**AFER	**X**AMPU
V	W	X

YÚRI	**Z**EBRA
Y	Z

Letras de fôrma

CONTINUE A ESCREVER A LETRA **A** MAIÚSCULA E MINÚSCULA.

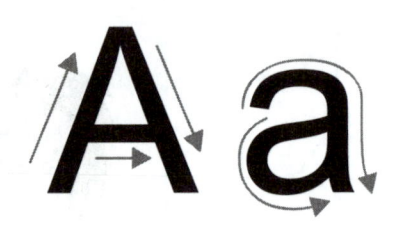

A a

ARARA
arara

Letras de fôrma

CONTINUE A ESCREVER A LETRA **B** MAIÚSCULA E MINÚSCULA.

B b

BOLO
bolo

Letras de fôrma

CONTINUE A ESCREVER A LETRA **C** MAIÚSCULA E MINÚSCULA.

C c

CAJU
caju

Letras de fôrma

CONTINUE A ESCREVER A LETRA **D** MAIÚSCULA E MINÚSCULA.

Dd

DADO
dado

Letras de fôrma

CONTINUE A ESCREVER A LETRA **E** MAIÚSCULA E MINÚSCULA.

E e

EMA
ema

Letras de fôrma

CONTINUE A ESCREVER A LETRA **F** MAIÚSCULA E MINÚSCULA.

F **f**

FOCA
foca

Letras de fôrma

CONTINUE A ESCREVER A LETRA **G** MAIÚSCULA E MINÚSCULA.

G g

GALO
galo

Letras de fôrma

CONTINUE A ESCREVER A LETRA **H** MAIÚSCULA E MINÚSCULA.

H **h**

HORTA
horta

Letras de fôrma

CONTINUE A ESCREVER A LETRA I MAIÚSCULA E MINÚSCULA.

I i

IGLU
iglu

Letras de fôrma

CONTINUE A ESCREVER A LETRA **J** MAIÚSCULA E MINÚSCULA.

J j

JABUTI
jabuti

J J

J J

j j

j j

Letras de fôrma

CONTINUE A ESCREVER A LETRA **K** MAIÚSCULA E MINÚSCULA.

K **k**

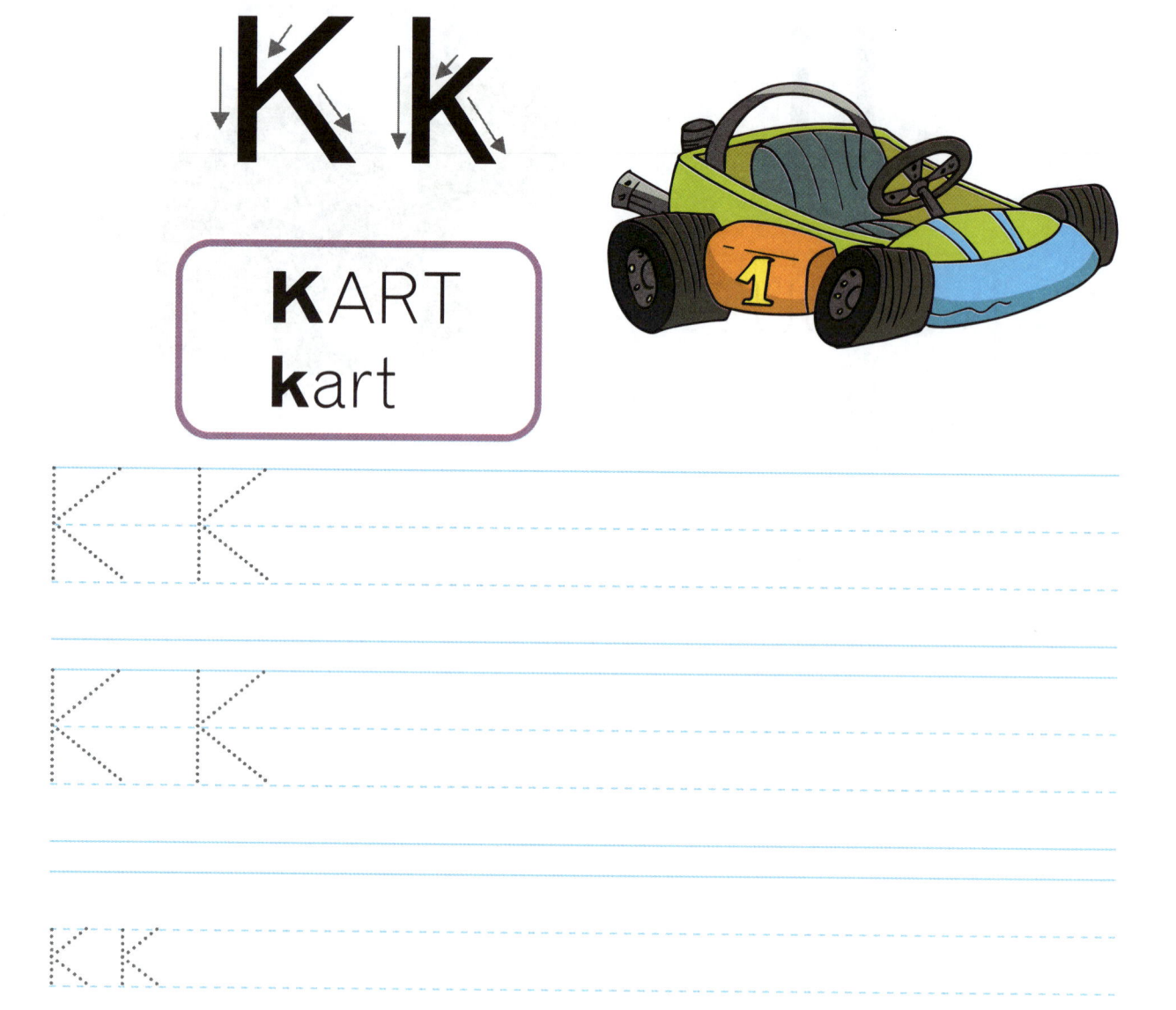

KART
kart

CONTINUE A ESCREVER A LETRA **L** MAIÚSCULA E MINÚSCULA.

LATA
lata

Letras de fôrma

CONTINUE A ESCREVER A LETRA **M** MAIÚSCULA E MINÚSCULA.

M m

MAÇÃ
maçã

Letras de fôrma

CONTINUE A ESCREVER A LETRA **N** MAIÚSCULA E MINÚSCULA.

N n

NUVEM
nuvem

Letras de fôrma

CONTINUE A ESCREVER A LETRA O MAIÚSCULA E MINÚSCULA.

O o

OVO
ovo

Letras de fôrma

CONTINUE A ESCREVER A LETRA **P** MAIÚSCULA E MINÚSCULA.

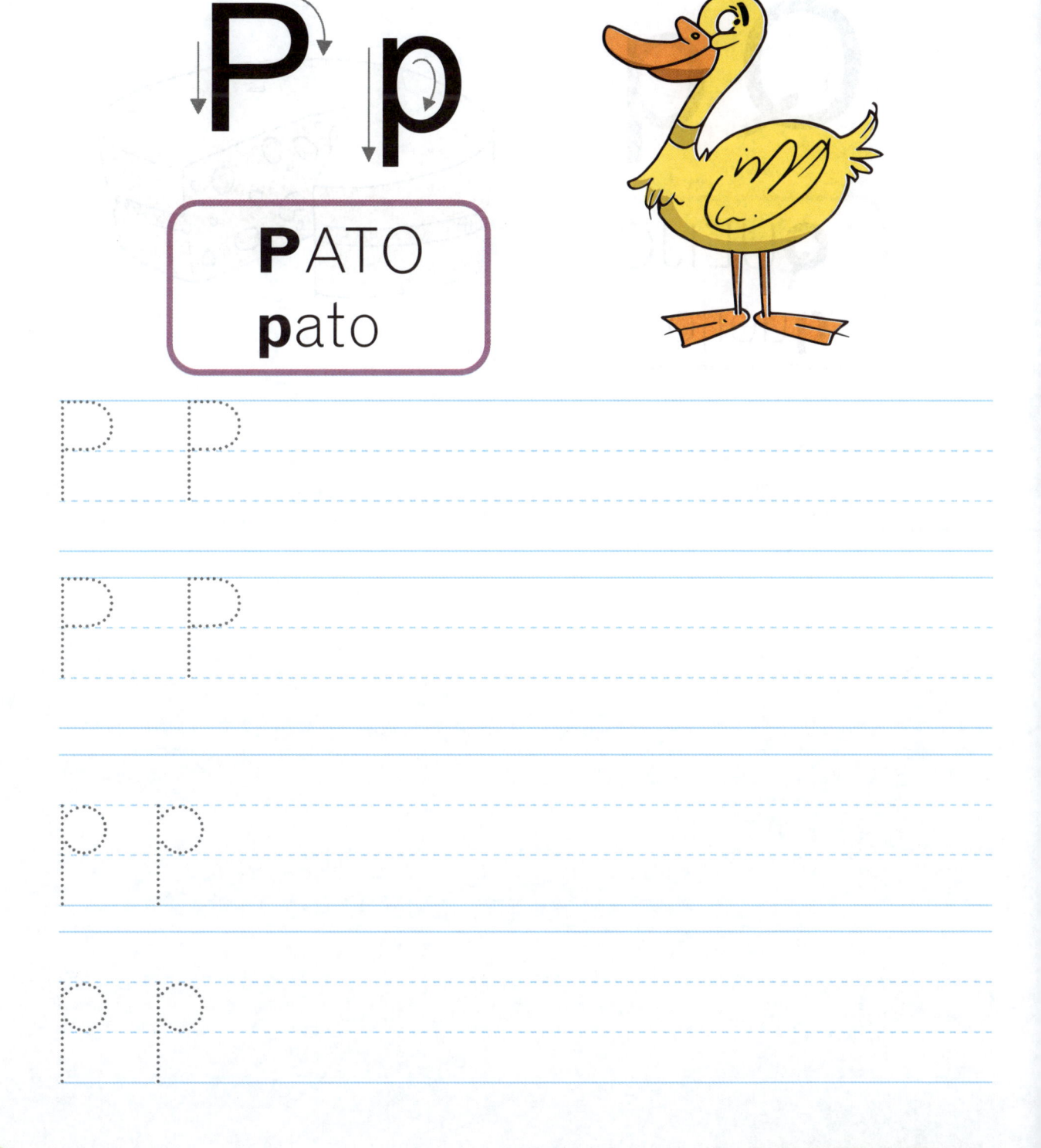

P p

PATO
pato

Letras de fôrma

CONTINUE A ESCREVER A LETRA **Q** MAIÚSCULA E MINÚSCULA.

Q q

QUEIJO
queijo

Letras de fôrma

CONTINUE A ESCREVER A LETRA **R** MAIÚSCULA E MINÚSCULA.

R r

RATO
rato

R R

R R

r r

r r

Letras de fôrma

CONTINUE A ESCREVER A LETRA **S** MAIÚSCULA E MINÚSCULA.

S s

SAPO
sapo

S S

S S

S S

S S

Letras de fôrma

CONTINUE A ESCREVER A LETRA **T** MAIÚSCULA E MINÚSCULA.

T t

TATU
tatu

Letras de fôrma

CONTINUE A ESCREVER A LETRA **U** MAIÚSCULA E MINÚSCULA.

U RSO
u rso

Letras de fôrma

CONTINUE A ESCREVER A LETRA **V** MAIÚSCULA E MINÚSCULA.

VELA
vela

Letras de fôrma

CONTINUE A ESCREVER A LETRA **W** MAIÚSCULA E MINÚSCULA.

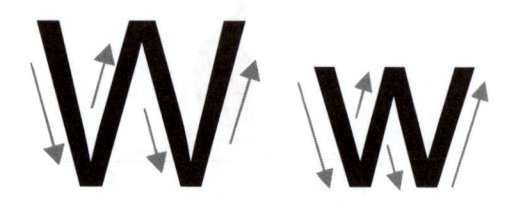

W w

WALKMAN
walkman

Letras de fôrma

CONTINUE A ESCREVER A LETRA **X** MAIÚSCULA E MINÚSCULA.

X x

XÍCARA
xícara

Letras de fôrma

CONTINUE A ESCREVER A LETRA **Y** MAIÚSCULA E MINÚSCULA.

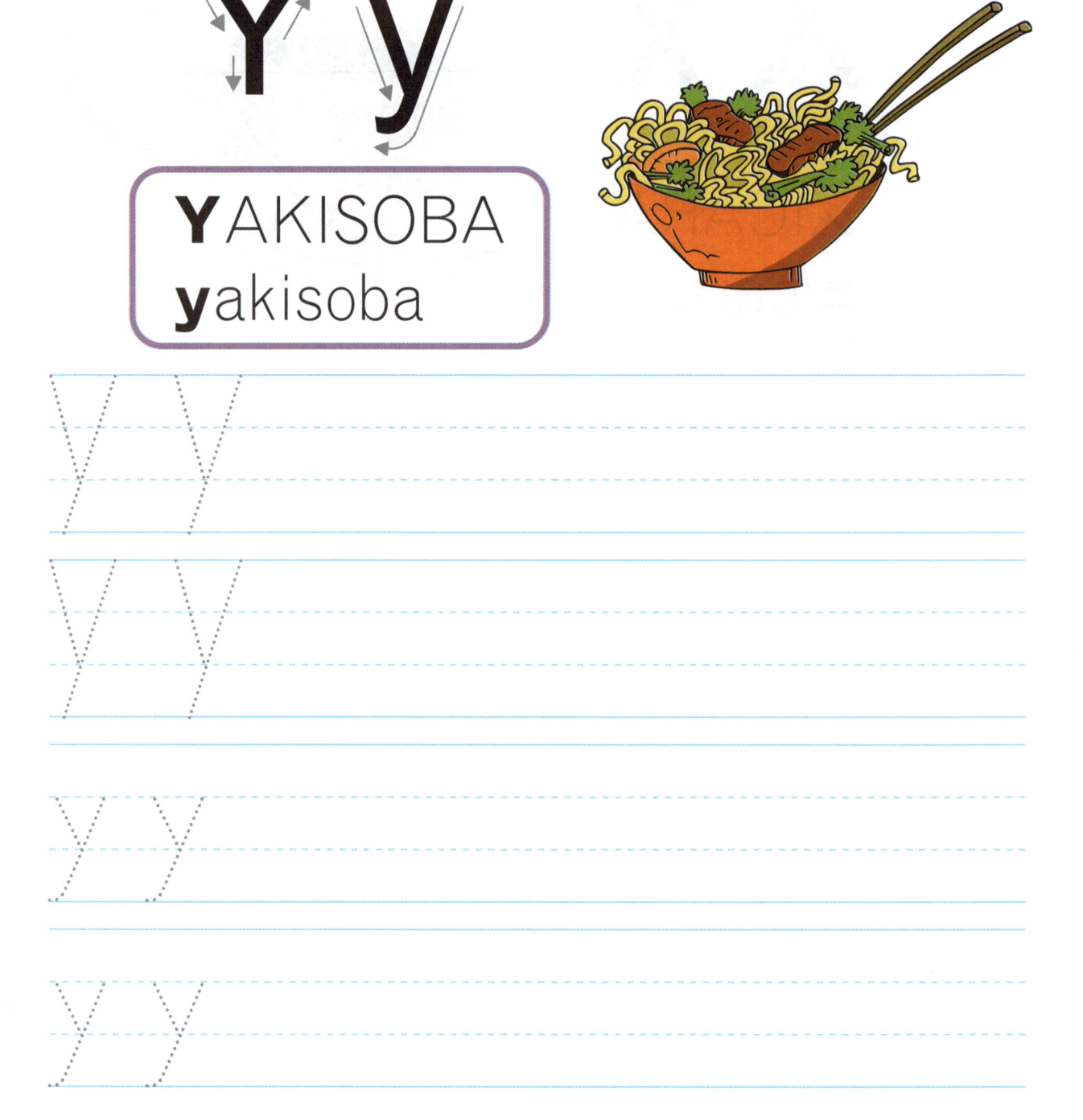

Y y

YAKISOBA
yakisoba

Letras de fôrma

CONTINUE A ESCREVER A LETRA **Z** MAIÚSCULA E MINÚSCULA.

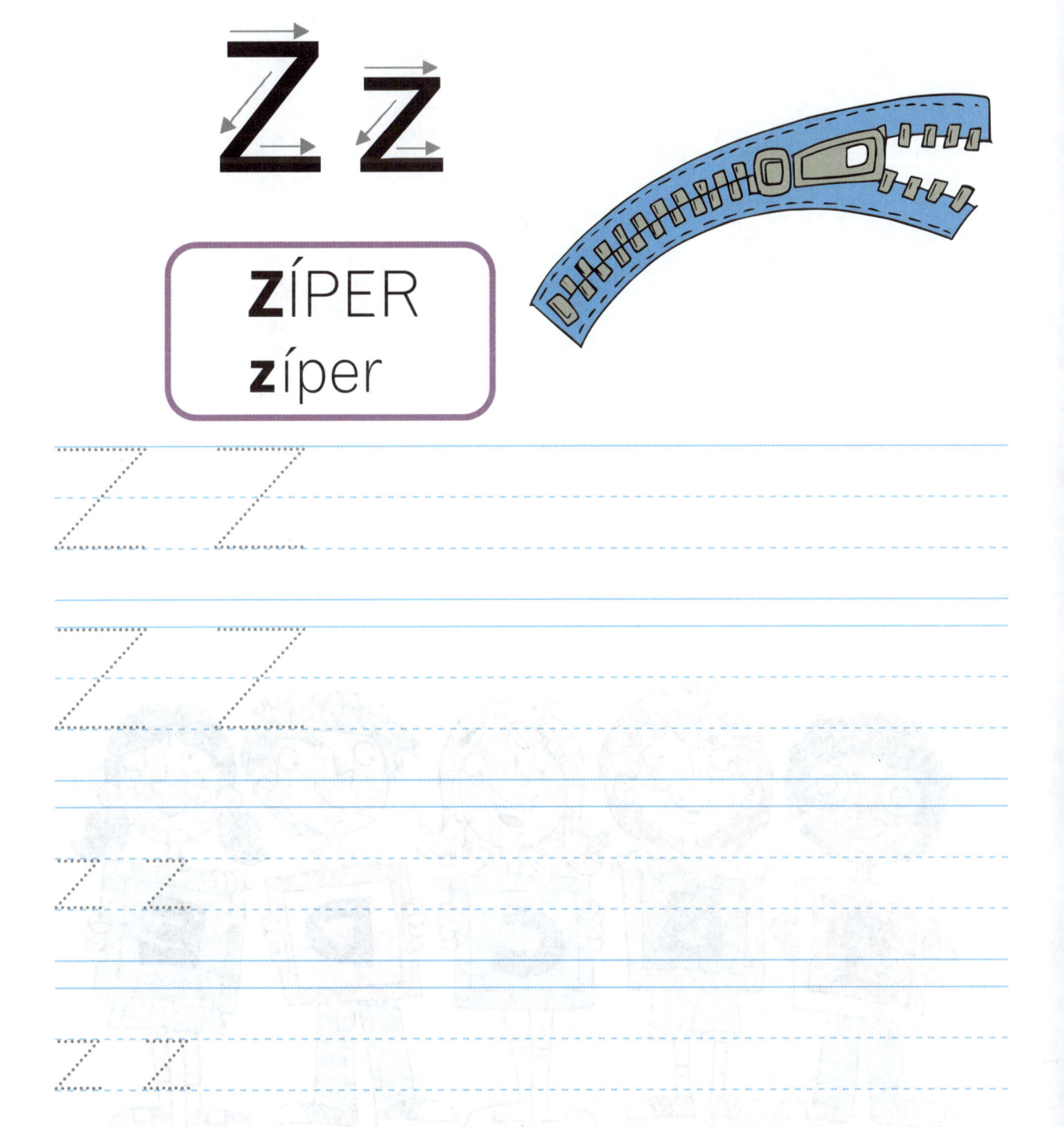

Z z

ZÍPER
zíper

Letras de fôrma

CUBRA OU PINTE AS LETRAS DO ALFABETO.

Aa Bb Cc Dd Ee
Ff Gg Hh Ii Jj Kk
Ll Mm Nn Oo Pp
Qq Rr Ss Tt Uu Vv
Ww Xx Yy Zz

CARTILHA DE ALFABETIZAÇÃO

TREINANDO CALIGRAFIA
ALFABETO EM LETRA DE FÔRMA

Criada para auxiliar a criança em processo de alfabetização, esta cartilha representa uma valiosa ferramenta de apoio para pais e professores que compreendem a necessidade de acompanhar o aprendizado do traçado das letras e dos movimentos corretos para escrevê-las.

Entre outras habilidades, as atividades propostas nesta cartilha favorecem não apenas a aprendizagem do traçado e o treino dos movimentos necessários para a escrita, como também propiciam a identificação e a discriminação das letras, o conhecimento do alfabeto e o desenvolvimento da coordenação motora fina da criança.

Nesta obra, o contato permanente com as letras na sequência alfabética, a associação de letras iniciais a ilustrações de fácil compreensão e a prática de escrita contínua constituem recursos de fundamental importância para que os aprendizes se sintam seguros e motivados ao desenvolvimento da alfabetização, cuja consequência é a apropriação efetiva da escrita.

EDITORA RIDEEL
BICHO ESPERTO
Visite www.bichoesperto.com.br para mais novidades!

Especificações
Formato: 200 mm x 270 mm
Nº de páginas: 64
Miolo: offset 90 g/m²
Capa: cartão 250 g/m²

ISBN 978853394354-4